PREFÁCIO

A coleção de frases de viagem "Vai tudo correr bem!" publicada pela T&P Books é concebida para pessoas que vão ao estrangeiro em viagens de turismo e negócios. Os livros de frases contêm o que é mais importante - o essencial para uma comunicação básica. Este é um conjunto indispensável de frases para "sobreviver" no estrangeiro.

Este Guia de Conversação irá ajudá-lo na maioria das situações em que precise de perguntar alguma coisa, obter direções, saber quanto custa algo, etc. Pode também resolver situações de difícil comunicação onde os gestos simplesmente não ajudam.

Este livro contém uma série de frases que foram agrupadas de acordo com os tópicos mais relevantes. Também encontrará um mini dicionário com palavras úteis - números, tempo, calendário, cores ...

Leve consigo para a estrada o Guia de Conversação "Vai tudo correr bem!" e terá um companheiro de viagem insubstituível, que irá ajudá-lo a encontrar o seu caminho em qualquer situação e ensiná-lo a não recear falar com estrangeiros.

TABELA DE CONTEÚDOS

T&P Books Publishing

Coleção Guias de Conversação
"Vai tudo correr bem!"

T&P Books Publishing

GUIA DE CONVERSAÇÃO
INGLÊS

Andrey Taranov

AS PALAVRAS E AS FRASES MAIS ÚTEIS

Este guia de conversação
contém frases e perguntas
comuns essenciais para uma
comunicação básica
com estrangeiros

T&P BOOKS

Frases + dicionário de 250 palavras

Guia de Conversação Português-Inglês e mini dicionário 250 palavras

Por Andrey Taranov

A coleção de frases de viagem "Vai tudo correr bem!" publicada pela T&P Books é concebida para pessoas que vão ao estrangeiro em viagens de turismo e negócios. Os livros de frases contêm o que é mais importante - o essencial para uma comunicação básica. Este é um conjunto indispensável de frases para "sobreviver" no estrangeiro.

Também encontrará um mini dicionário com 250 palavras úteis necessárias para a comunicação do dia a dia - os nomes dos meses e dias da semana, medidas, membros da família e muito mais.

Editora T&P Books
www.tpbooks.com

ISBN: 978-1-78492-566-6

Este livro também está disponível em formato E-book.
Por favor visite www.tpbooks.com ou as principais livrarias on-line.

PRONÚNCIA

Letra	Exemplo Inglês americano	Alfabeto fonético T&P	Exemplo Português

Vogais

Letra	Exemplo Inglês americano	Alfabeto fonético	Exemplo Português
a	age	[eɪ]	seis
a	bag	[æ]	semana
a	car	[ɑː]	rapaz
a	care	[eə]	fêmea
e	meat	[iː]	cair
e	pen	[e]	metal
e	verb	[ɜ]	minhoca
e	here	[ɪə]	variedade
i	life	[aj]	baixar
i	sick	[ɪ]	sinónimo
i	girl	[ø]	orgulhoso
i	fire	[ajə]	flyer
o	rose	[əʊ]	réu
o	shop	[ɒ]	chamar
o	sport	[ɔː]	emboço
o	ore	[ɔː]	emboço
u	to include	[uː]	blusa
u	sun	[ʌ]	fax
u	church	[ɜ]	minhoca
u	pure	[ʊə]	adoecer
y	to cry	[aj]	baixar
y	system	[ɪ]	sinónimo
y	Lyre	[ajə]	flyer
y	party	[ɪ]	sinónimo

Consoantes

Letra	Exemplo Inglês americano	Alfabeto fonético	Exemplo Português
b	bar	[b]	barril
c	city	[s]	sanita
c	clay	[k]	kiwi
d	day	[d]	dentista
f	face	[f]	safári
g	geography	[dʒ]	adjetivo

Letra	Exemplo Inglês americano	Alfabeto fonético T&P	Exemplo Português
g	glue	[g]	gosto
h	home	[h]	[h] aspirada
j	joke	[dʒ]	adjetivo
k	king	[k]	kiwi
l	love	[l]	libra
m	milk	[m]	magnólia
n	nose	[n]	natureza
p	pencil	[p]	presente
q	queen	[k]	kiwi
r	rose	[r]	riscar
s	sleep	[s]	sanita
s	please	[z]	sésamo
s	pleasure	[ʒ]	talvez
t	table	[t]	tulipa
v	velvet	[v]	fava
w	winter	[w]	página web
x	ox	[ks]	perplexo
x	exam	[gz]	Yangtzé
z	azure	[ʒ]	talvez
z	zebra	[z]	sésamo

Combinações de letras

ch	China	[tʃ]	Tchau!
ch	chemistry	[k]	kiwi
ch	machine	[ʃ]	mês
sh	ship	[ʃ]	mês
th	weather	[ð]	[z] - fricativa dental sonora não-sibilante
th	tooth	[θ]	[s] - fricativa dental surda não-sibilante
ph	telephone	[f]	safári
ck	black	[k]	kiwi
ng	ring	[ŋ]	alcançar
ng	English	[ŋ]	alcançar
wh	white	[w]	página web
wh	whole	[h]	[h] aspirada
wr	wrong	[r]	riscar
gh	enough	[f]	safári
gh	sign	[n]	natureza
kn	knife	[n]	natureza
qu	question	[kv]	aquário
tch	catch	[tʃ]	Tchau!
oo+k	book	[ʊ]	bonita
oo+r	door	[ɔː]	emboço
ee	tree	[iː]	cair

Letra	Exemplo Inglês americano	Alfabeto fonético T&P	Exemplo Português
ou	house	[aʊ]	produção
ou+r	our	[aʊə]	similar - Espanhol 'cacahuete'
ay	today	[eɪ]	seis
ey	they	[eɪ]	seis

LISTA DE ABREVIATURAS

Abreviaturas do Português

adj	-	adjetivo
adv	-	advérbio
anim.	-	animado
conj.	-	conjunção
desp.	-	desporto
etc.	-	etecetra
ex.	-	por exemplo
f	-	nome feminino
f pl	-	feminino plural
fem.	-	feminino
inanim.	-	inanimado
m	-	nome masculino
m pl	-	masculino plural
m, f	-	masculino, feminino
masc.	-	masculino
mat.	-	matemática
mil.	-	militar
pl	-	plural
prep.	-	preposição
pron.	-	pronome
sb.	-	sobre
sing.	-	singular
v aux	-	verbo auxiliar
vi	-	verbo intransitivo
vi, vt	-	verbo intransitivo, transitivo
vp	-	verbo pronominal
vt	-	verbo transitivo

Abreviaturas do Inglês americano

v aux	-	verbo auxiliar
vi	-	verbo intransitivo
vi, vt	-	verbo intransitivo, transitivo
vt	-	verbo transitivo

T&P BOOKS

GUIA DE CONVERSAÇÃO INGLÊS

Esta secção contém frases importantes que podem vir a ser úteis em várias situações da vida real.
O Guia de Conversação irá ajudá-lo a pedir orientações, esclarecer um preço, comprar bilhetes e pedir comida num restaurante

T&P Books Publishing

CONTEÚDO DO GUIA DE CONVERSAÇÃO

T&P Books Publishing

Desculpe, ...	**Excuse me, ...** [ɪk'skju:z mi:, ...]
Olá!	**Hello.** [hə'ləʊ]
Obrigado /Obrigada/.	**Thank you.** [θæŋk ju]
Adeus.	**Good bye.** [gʊd baɪ]
Sim.	**Yes.** [jes]
Não.	**No.** [nəʊ]
Não sei.	**I don't know.** [aɪ dəʊnt nəʊ]
Onde? | Para onde? | Quando?	**Where? | Where to? | When?** [weə? | weə tu:? | wen?]

Preciso de ...	**I need ...** [aɪ ni:d ...]
Eu queria ...	**I want ...** [aɪ wɒnt ...]
Tem ...?	**Do you have ...?** [də ju hɛv ...?]
Há aqui ...?	**Is there a ... here?** [ɪz ðər ə ... hɪə?]
Posso ...?	**May I ...?** [meɪ aɪ ...?]
..., por favor	**..., please** [..., pli:z]

Estou à procura de ...	**I'm looking for ...** [aɪm 'lʊkɪŋ fə ...]
casa de banho	**restroom** ['restru:m]
Multibanco	**ATM** [eɪti:'em]
farmácia	**pharmacy, drugstore** ['fɑ:məsi, 'drʌgstɔ:]
hospital	**hospital** ['hɒspɪtl]
esquadra de polícia	**police station** [pə'li:s 'steɪʃn]
metro	**subway** ['sʌbweɪ]

táxi	**taxi** ['tæksi]
estação de comboio	**train station** [treɪn 'steɪʃn]

Chamo-me ...	**My name is ...** [maɪ 'neɪm ɪz ...]
Como se chama?	**What's your name?** [wɒts jɔː 'neɪm?]
Pode-me dar uma ajuda?	**Could you please help me?** [kəd ju pliːz help miː?]
Tenho um problema.	**I've got a problem.** [av gɒt ə 'prɒbləm]
Não me sinto bem.	**I don't feel well.** [aɪ dəunt fiːl wel]
Chame a ambulância!	**Call an ambulance!** [kɔːl ən 'æmbjələns!]
Posso fazer uma chamada?	**May I make a call?** [meɪ aɪ 'meɪk ə kɔːl?]

Desculpe.	**I'm sorry.** [aɪm 'sɒri]
De nada.	**You're welcome.** [juə 'welkəm]

eu	**I, me** [aɪ, mi]
tu	**you** [ju]
ele	**he** [hi]
ela	**she** [ʃi]
eles	**they** [ðeɪ]
elas	**they** [ðeɪ]
nós	**we** [wi]
vocês	**you** [ju]
você	**you** [ju]

ENTRADA	**ENTRANCE** ['entrɑːns]
SAÍDA	**EXIT** ['eksɪt]
FORA DE SERVIÇO	**OUT OF ORDER** [aut əv 'ɔːdə]
FECHADO	**CLOSED** [kləuzd]

ABERTO

OPEN
['əupən]

PARA SENHORAS

FOR WOMEN
[fə 'wɪmɪn]

PARA HOMENS

FOR MEN
[fə men]

Perguntas

Onde?	**Where?** [weə?]
Para onde?	**Where to?** [weə tuː?]
De onde?	**Where from?** [weə frɒm?]
Porquê?	**Why?** [waɪ?]
Porque razão?	**Why?** [waɪ?]
Quando?	**When?** [wen?]

Quanto tempo?	**How long?** [haʊ 'lɒŋ?]
A que horas?	**At what time?** [ət wɒt 'taɪm?]
Quanto?	**How much?** [haʊ 'mʌtʃ?]
Tem ...?	**Do you have ...?** [də ju hɛv ...?]
Onde fica ...?	**Where is ...?** [weə ɪz ...?]

Que horas são?	**What time is it?** [wɒt taɪm ɪz ɪt?]
Posso fazer uma chamada?	**May I make a call?** [meɪ aɪ meɪk ə kɔːl?]
Quem é?	**Who's there?** [huːz ðeə?]
Posso fumar aqui?	**Can I smoke here?** [kən aɪ sməʊk hɪə?]
Posso ...?	**May I ...?** [meɪ aɪ ...?]

Necessidades

Eu gostaria de ...	**I'd like ...** [aɪd 'laɪk ...]
Eu não quero ...	**I don't want ...** [aɪ dəʊnt wɒnt ...]
Tenho sede.	**I'm thirsty.** [aɪm 'θɜːsti]
Eu quero dormir.	**I want to sleep.** [aɪ wɒnt tə sliːp]

Eu queria ...	**I want ...** [aɪ wɒnt ...]
lavar-me	**to wash up** [tə wɒʃ ʌp]
escovar os dentes	**to brush my teeth** [tə brʌʃ maɪ tiːθ]
descansar um pouco	**to rest a while** [tə rest ə waɪl]
trocar de roupa	**to change my clothes** [tə tʃeɪndʒ maɪ kləʊðz]

voltar ao hotel	**to go back to the hotel** [tə gəʊ 'bæk tə ðə həʊ'tel]
comprar ...	**to buy ...** [tə baɪ ...]
ir para ...	**to go to ...** [tə gəʊ tə ...]
visitar ...	**to visit ...** [tə 'vɪzɪt ...]
encontrar-me com ...	**to meet with ...** [tə miːt wɪð ...]
fazer uma chamada	**to make a call** [tə meɪk ə kɔːl]

Estou cansado /cansada/.	**I'm tired.** [aɪm 'taɪəd]
Nós estamos cansados /cansadas/.	**We are tired.** [wi ə 'taɪəd]
Tenho frio.	**I'm cold.** [aɪm kəʊld]
Tenho calor.	**I'm hot.** [aɪm hɒt]
Estou bem.	**I'm OK.** [aɪm əʊ'keɪ]

Preciso de telefonar.

I need to make a call.
[aɪ niːd tə meɪk ə kɔːl]

Preciso de ir à casa de banho.

I need to go to the restroom.
[aɪ niːd tə gəʊ tə ðə 'restruːm]

Tenho de ir.

I have to go.
[aɪ hɛv tə gəʊ]

Tenho de ir agora.

I have to go now.
[aɪ hɛv tə gəʊ naʊ]

Perguntando por direções

Desculpe, ...
Excuse me, ...
[ɪk'skjuːz miː, ...]

Onde fica ...?
Where is ...?
[weə ɪz ...?]

Para que lado fica ...?
Which way is ...?
[wɪtʃ weɪ ɪz ...?]

Pode-me dar uma ajuda?
Could you help me, please?
[kəd ju help miː, pliːz?]

Estou à procura de ...
I'm looking for ...
[aɪm 'lʊkɪŋ fə ...]

Estou à procura da saída.
I'm looking for the exit.
[aɪm 'lʊkɪŋ fə ði 'eksɪt]

Eu vou para ...
I'm going to ...
[aɪm 'gəʊɪŋ tə ...]

Estou a ir bem para ...?
Am I going the right way to ...?
[əm aɪ 'gəʊɪŋ ðə raɪt 'weɪ tə ...?]

Fica longe?
Is it far?
[ɪz ɪt fɑː?]

Posso ir até lá a pé?
Can I get there on foot?
[kən aɪ get ðər ɒn fʊt?]

Pode-me mostrar no mapa?
Can you show me on the map?
[kən ju ʃəʊ miː ɒn ðə mæp?]

Mostre-me onde estamos de momento.
Show me where we are right now.
[ʃəʊ miː weə wi ə raɪt naʊ]

Aqui
Here
[hɪə]

Ali
There
[ðeə]

Por aqui
This way
[ðɪs weɪ]

Vire à direita.
Turn right.
[tɜːn raɪt]

Vire à esquerda.
Turn left.
[tɜːn left]

primeira (segunda, terceira) curva
first (second, third) turn
[fɜːst ('sekənd, θɜːd) tɜːn]

para a direita
to the right
[tə ðə raɪt]

para a esquerda

to the left
[tə ðə left]

Vá sempre em frente.

Go straight.
[gəʊ streɪt]

Sinais

BEM-VINDOS!	**WELCOME!** ['welkəm!]
ENTRADA	**ENTRANCE** ['entrɑːns]
SAÍDA	**EXIT** ['eksɪt]

EMPURRAR	**PUSH** [pʊʃ]
PUXAR	**PULL** [pʊl]
ABERTO	**OPEN** ['əʊpən]
FECHADO	**CLOSED** [kləʊzd]

PARA SENHORAS	**FOR WOMEN** [fə 'wɪmɪn]
PARA HOMENS	**FOR MEN** [fə men]
HOMENS, CAVALHEIROS (M)	**MEN, GENTS** [men, dʒents]
SENHORAS (F)	**WOMEN, LADIES** ['wɪmɪn, 'leɪdɪz]

DESCONTOS	**DISCOUNTS** ['dɪskaʊnts]
SALDOS	**SALE** [seɪl]
GRATUITO	**FREE** [friː]
NOVIDADE!	**NEW!** [njuː!]
ATENÇÃO!	**ATTENTION!** [ə'tenʃn!]

NÃO HÁ VAGAS	**NO VACANCIES** [nəʊ 'veɪkənsɪz]
RESERVADO	**RESERVED** [rɪ'zɜːvd]
ADMINISTRAÇÃO	**ADMINISTRATION** [ədmɪnɪ'streɪʃn]
ACESSO RESERVADO	**STAFF ONLY** [stɑːf 'əʊnli]

CUIDADO COM O CÃO	**BEWARE OF THE DOG!** [bɪ'weər əv ðə dɒg!]
NÃO FUMAR!	**NO SMOKING!** [nəʊ 'sməʊkɪŋ!]
NÃO MEXER!	**DO NOT TOUCH!** [də nɒt tʌtʃ!]
PERIGOSO	**DANGEROUS** ['deɪndʒərəs]
PERIGO	**DANGER** ['deɪndʒə]
ALTA TENSÃO	**HIGH VOLTAGE** [haɪ 'vəʊltɪdʒ]
PROIBIDO NADAR	**NO SWIMMING!** [nəʊ 'swɪmɪŋ!]
FORA DE SERVIÇO	**OUT OF ORDER** [aʊt əv 'ɔːdə]
INFLAMÁVEL	**FLAMMABLE** ['flæməbl]
PROIBIDO	**FORBIDDEN** [fə'bɪdn]
PASSAGEM PROIBIDA	**NO TRESPASSING!** [nəʊ 'trespəsɪŋ!]
PINTADO DE FRESCO	**WET PAINT** [wet peɪnt]
FECHADO PARA OBRAS	**CLOSED FOR RENOVATIONS** [kləʊzd fə renə'veɪʃnz]
TRABALHOS NA VIA	**WORKS AHEAD** ['wɜːks ə'hed]
DESVIO	**DETOUR** ['diːtʊə]

Transportes. Frases gerais

avião	**plane** [pleɪn]
comboio	**train** [treɪn]
autocarro	**bus** [bʌs]
ferri	**ferry** ['feri]
táxi	**taxi** ['tæksi]
carro	**car** [kɑ:]

horário	**schedule** ['ʃedju:l]
Onde posso ver o horário?	**Where can I see the schedule?** [weə kən aɪ si: ðə 'ʃedju:l?]
dias de trabalho	**workdays** ['wɜ:kdeɪz]
fins de semana	**weekends** [wi:k'endz]
férias	**holidays** ['hɒlədeɪz]

PARTIDA	**DEPARTURE** [dɪ'pɑ:tʃə]
CHEGADA	**ARRIVAL** [ə'raɪvl]
ATRASADO	**DELAYED** [dɪ'leɪd]
CANCELADO	**CANCELED** ['kænsəld]

próximo (comboio, etc.)	**next** [nɛkst]
primeiro	**first** [fɜ:st]
último	**last** [lɑ:st]

Quando é o próximo ...?	**When is the next ...?** [wen ɪz ðə nɛkst ...?]
Quando é o primeiro ...?	**When is the first ...?** [wen ɪz ðə fɜ:st ...?]

Quando é o último ...?

When is the last ...?
[wen ɪz ðə lɑːst ...?]

transbordo

transfer
['trænsfɜ:]

fazer o transbordo

to make a transfer
[tə meɪk ə 'trænsfɜ:]

Preciso de fazer o transbordo?

Do I need to make a transfer?
[də aɪ niːd tə meɪk ə 'trænsfɜ:?]

Comprando bilhetes

Onde posso comprar bilhetes? | **Where can I buy tickets?**
[weə kən aɪ baɪ 'tɪkɪts?]

bilhete | **ticket**
['tɪkɪt]

comprar um bilhete | **to buy a ticket**
[tə baɪ ə 'tɪkɪt]

preço do bilhete | **ticket price**
['tɪkɪt praɪs]

Para onde? | **Where to?**
[weə tu:?]

Para que estação? | **To what station?**
[tə wɒt steɪʃn?]

Preciso de ... | **I need ...**
[aɪ ni:d ...]

um bilhete | **one ticket**
[wʌn 'tɪkɪt]

dois bilhetes | **two tickets**
[tu: 'tɪkɪts]

três bilhetes | **three tickets**
[θri: 'tɪkɪts]

só de ida | **one-way**
[wʌn'weɪ]

de ida e volta | **round-trip**
[rɑːwnd trɪp]

primeira classe | **first class**
[fɜ:st klɑ:s]

segunda classe | **second class**
['sekənd klɑ:s]

hoje | **today**
[tə'deɪ]

amanhã | **tomorrow**
[tə'mɒrəʊ]

depois de amanhã | **the day after tomorrow**
[ðə deɪ 'ɑːftə tə'mɒrəʊ]

de manhã | **in the morning**
[ɪn ðə 'mɔ:nɪŋ]

à tarde | **in the afternoon**
[ɪn ði ɑːftə'nu:n]

ao fim da tarde | **in the evening**
[ɪn ði 'i:vnɪŋ]

lugar de corredor

aisle seat
[aɪl siːt]

lugar à janela

window seat
['wɪndəʊ siːt]

Quanto?

How much?
[haʊ mʌtʃ?]

Posso pagar com cartão de crédito?

Can I pay by credit card?
[kən aɪ peɪ baɪ 'kredɪt kɑːd?]

Autocarro

autocarro	**bus** [bʌs]
camioneta (autocarro interurbano)	**intercity bus** [ɪntə'sɪti bʌs]
paragem de autocarro	**bus stop** [bʌs stɒp]
Onde é a paragem de autocarro mais perto?	**Where's the nearest bus stop?** [weəz ðə 'nɪərɪst bʌs stɒp?]

número	**number** ['nʌmbə]
Qual o autocarro que apanho para ...?	**Which bus do I take to get to ...?** [wɪtʃ bʌs də aɪ teɪk tə get tə ...?]
Este autocarro vai até ...?	**Does this bus go to ...?** [dəz ðɪs bʌs gəʊ tə ...?]
Com que frequência passam os autocarros?	**How frequent are the buses?** [haʊ frɪ'kwent ə ðə 'bʌsɪz?]

de 15 em 15 minutos	**every 15 minutes** ['evri fɪf'ti:n 'mɪnɪts]
de meia em meia hora	**every half hour** ['evri hɑ:f 'aʊə]
de hora a hora	**every hour** ['evri 'aʊə]
várias vezes ao dia	**several times a day** ['sevrəl taɪmz ə deɪ]
... vezes ao dia	**... times a day** [... taɪmz ə deɪ]

horário	**schedule** ['ʃedju:l]
Onde posso ver o horário?	**Where can I see the schedule?** [weə kən aɪ si: ðə 'ʃedju:l?]
Quando é o próximo autocarro?	**When is the next bus?** [wen ɪz ðə nɛkst bʌs?]
Quando é o primeiro autocarro?	**When is the first bus?** [wen ɪz ðə fɜ:st bʌs?]
Quando é o último autocarro?	**When is the last bus?** [wen ɪz ðə lɑ:st bʌs?]

paragem	**stop** [stɒp]
próxima paragem	**next stop** [nɛkst stɒp]

última paragem	**last stop** [lɑ:st stɒp]
Pare aqui, por favor.	**Stop here, please.** [stɒp hɪə, pli:z]
Desculpe, esta é a minha paragem.	**Excuse me, this is my stop.** [ɪk'skju:z mi:, ðɪs ɪz maɪ stɒp]

Comboio

comboio	**train** [treɪn]
comboio sub-urbano	**suburban train** [sə'bɜ:bən treɪn]
comboio de longa distância	**long-distance train** ['lɒŋdɪstəns treɪn]
estação de comboio	**train station** [treɪn steɪʃn]
Desculpe, onde fica a saída para a plataforma?	**Excuse me, where is the exit to the platform?** [ɪk'skju:z mi:, weə ɪz ði 'eksɪt tə ðə 'plætfɔ:m?]

Este comboio vai até ...?	**Does this train go to ...?** [dəz ðɪs treɪn gəʊ tə ...?]
próximo comboio	**next train** [nɛkst treɪn]
Quando é o próximo comboio?	**When is the next train?** [wen ɪz ðə nɛkst treɪn?]
Onde posso ver o horário?	**Where can I see the schedule?** [weə kən aɪ si: ðə 'ʃedju:l?]
Apartir de que plataforma?	**From which platform?** [frəm wɪtʃ 'plætfɔ:m?]
Quando é que o comboio chega a ...?	**When does the train arrive in ...?** [wen dəz ðə treɪn ə'raɪv ɪn ...?]

Ajude-me, por favor.	**Please help me.** [pli:z help mi:]
Estou à procura do meu lugar.	**I'm looking for my seat.** [aɪm 'lʊkɪŋ fə maɪ si:t]
Nós estamos à procura dos nossos lugares.	**We're looking for our seats.** [wɪə 'lʊkɪŋ fə 'aʊə si:ts]
O meu lugar está ocupado.	**My seat is taken.** [maɪ si:t ɪs 'teɪkən]
Os nossos lugares estão ocupados.	**Our seats are taken.** ['aʊə si:ts ə 'teɪkən]

Peço desculpa mas este é o meu lugar.	**I'm sorry but this is my seat.** [aɪm 'sɒri bət ðɪs ɪz maɪ si:t]
Este lugar está ocupado?	**Is this seat taken?** [ɪz ðɪs si:t 'teɪkən?]
Posso sentar-me aqui?	**May I sit here?** [meɪ aɪ sɪt hɪə?]

No comboio. Diálogo (Sem bilhete)

Bilhete, por favor.	**Ticket, please.** ['tɪkɪt, pliːz]
Não tenho bilhete.	**I don't have a ticket.** [aɪ dəʊnt hɛv ə 'tɪkɪt]
Perdi o meu bilhete.	**I lost my ticket.** [aɪ lɒst maɪ 'tɪkɪt]
Esqueci-me do bilhete em casa.	**I forgot my ticket at home.** [aɪ fə'gɒt maɪ 'tɪkɪt ət həʊm]

Pode comprar um bilhete a mim.	**You can buy a ticket from me.** [ju kən baɪ ə 'tɪkɪt frəm miː]
Terá também de pagar uma multa.	**You will also have to pay a fine.** [ju wɪl 'ɔːlsəʊ hɛv tə peɪ ə faɪn]
Está bem.	**Okay.** [əʊ'keɪ]
Onde vai?	**Where are you going?** [weər ə ju 'gəʊɪŋ?]
Eu vou para ...	**I'm going to ...** [aɪm 'gəʊɪŋ tə ...]

Quanto é? Eu não entendo.	**How much? I don't understand.** [haʊ 'mʌtʃ? aɪ dəʊnt ʌndə'stænd]
Escreva, por favor.	**Write it down, please.** ['raɪt ɪt daʊn, pliːz]
Está bem. Posso pagar com cartão de crédito?	**Okay. Can I pay with a credit card?** [əʊ'keɪ. kən aɪ peɪ wɪð ə 'kredɪt kɑːd?]
Sim, pode.	**Yes, you can.** [jes, ju kæn]

Aqui tem a sua fatura.	**Here's your receipt.** [hɪəz jɔː rɪ'siːt]
Desculpe pela multa.	**Sorry about the fine.** ['sɒri ə'baʊt ðə faɪn]
Não tem mal. A culpa foi minha.	**That's okay. It was my fault.** [ðæts əʊ'keɪ. ɪt wəz maɪ fɔːt]
Desfrute da sua viagem.	**Enjoy your trip.** [ɪn'dʒɔɪ jɔː trɪp]

Taxi

táxi	**taxi** ['tæksi]
taxista	**taxi driver** ['tæksi 'draɪvə]
apanhar um táxi	**to catch a taxi** [tə kætʃ ə 'tæksi]
paragem de táxis	**taxi stand** ['tæksi stænd]
Onde posso apanhar um táxi?	**Where can I get a taxi?** [weə kən aɪ get ə 'tæksi?]
chamar um táxi	**to call a taxi** [tə kɔːl ə 'tæksi]
Preciso de um táxi.	**I need a taxi.** [aɪ niːd ə 'tæksi]
Agora.	**Right now.** [raɪt naʊ]
Qual é a sua morada?	**What is your address (location)?** ['wɒts jɔːr ə'dres (ləʊ'keɪʃn)?]
A minha morada é ...	**My address is ...** [maɪ ə'dres ɪz ...]
Qual o seu destino?	**Your destination?** [jɔː destɪ'neɪʃn?]
Desculpe, ...	**Excuse me, ...** [ɪk'skjuːz miː, ...]
Está livre?	**Are you available?** [ə ju ə'veɪləbl?]
Em quanto fica a corrida até ...?	**How much is it to get to ...?** [haʊ 'mʌtʃ ɪz ɪt tə get tə ...?]
Sabe onde é?	**Do you know where it is?** [də ju nəʊ weər ɪt ɪz?]
Para o aeroporto, por favor.	**Airport, please.** ['eəpɔːt, pliːz]
Pare aqui, por favor.	**Stop here, please.** [stɒp hɪə, pliːz]
Não é aqui.	**It's not here.** [ɪts nɒt hɪə]
Esta morada está errada. (Não é aqui)	**This is the wrong address.** [ðɪs ɪz ðə rɒŋ ə'dres]
Vire à esquerda.	**Turn left.** [tɜːn left]
Vire à direita.	**Turn right.** [tɜːn raɪt]

Quanto lhe devo?

How much do I owe you?
[haʊ 'mʌtʃ də aɪ əʊ ju?]

Queria fatura, por favor.

I'd like a receipt, please.
[aɪd laɪk ə rɪ'siːt, pliːz]

Fique com o troco.

Keep the change.
[kiːp ðə tʃeɪndʒ]

Espere por mim, por favor.

Would you please wait for me?
[wʊd ju pliːz weɪt fə miː?]

5 minutos

five minutes
[faɪv 'mɪnɪts]

10 minutos

ten minutes
[ten 'mɪnɪts]

15 minutos

fifteen minutes
[fɪf'tiːn 'mɪnɪts]

20 minutos

twenty minutes
['twenti 'mɪnɪts]

meia hora

half an hour
[hɑːf ən 'aʊə]

Hotel

Olá!
Hello.
[hə'ləʊ]

Chamo-me ...
My name is ...
[maɪ neɪm ɪz ...]

Tenho uma reserva.
I have a reservation.
[aɪ hɛv ə rezə'veɪʃn]

Preciso de ...
I need ...
[aɪ ni:d ...]

um quarto de solteiro
a single room
[ə sɪŋgl ru:m]

um quarto de casal
a double room
[ə dʌbl ru:m]

Quanto é?
How much is that?
[haʊ 'mʌtʃ ɪz ðæt?]

Está um pouco caro.
That's a bit expensive.
[ðæts ə bɪt ɪk'spensɪv]

Não tem outras opções?
Do you have any other options?
[də ju hɛv 'ɛni 'ʌðər ɒpʃnz?]

Eu fico com ele.
I'll take it.
[aɪl teɪk ɪt]

Eu pago em dinheiro.
I'll pay in cash.
[aɪl peɪ ɪn kæʃ]

Tenho um problema.
I've got a problem.
[aɪv gɒt ə 'prɒbləm]

O meu ... está partido
/A minha ... está partida/.
My ... is broken.
[maɪ ... ɪz 'brəʊkən]

O meu ... está avariado
/A minha ... está avariada/.
My ... is out of order.
[maɪ ... ɪz aʊt əv 'ɔ:də]

televisor (m)
TV
[ti:'vi:]

ar condicionado (m)
air conditioning
[eə kən'dɪʃnɪŋ]

torneira (f)
tap
[tæp]

---

duche (m)
shower
['ʃaʊə]

lavatório (m)
sink
[sɪŋk]

cofre (m)
safe
[seɪf]

fechadura (f)	**door lock** [dɔ: lɒk]
tomada elétrica (f)	**electrical outlet** [ɪ'lektrɪkl 'aʊtlet]
secador de cabelo (m)	**hairdryer** ['heədraɪə]

Não tenho …	**I don't have …** [aɪ 'dəʊnt hɛv …]
água	**water** ['wɔ:tə]
luz	**light** [laɪt]
eletricidade	**electricity** [ɪlek'trɪsɪti]

Pode dar-me …?	**Can you give me …?** [kən ju gɪv mi: …?]
uma toalha	**a towel** [ə 'taʊəl]
um cobertor	**a blanket** [ə 'blæŋkɪt]
uns chinelos	**slippers** ['slɪpəz]
um roupão	**a robe** [ə rəʊb]
algum champô	**shampoo** [ʃæm'pu:]
algum sabonete	**soap** [səʊp]

Gostaria de trocar de quartos.	**I'd like to change rooms.** [aɪd laɪk tə tʃeɪndʒ ru:mz]
Não consigo encontrar a minha chave.	**I can't find my key.** [aɪ kɑ:nt faɪnd maɪ ki:]
Abra-me o quarto, por favor.	**Could you open my room, please?** [kəd ju 'əʊpən maɪ ru:m, pli:z?]
Quem é?	**Who's there?** [hu:z ðeə?]
Entre!	**Come in!** [kʌm 'ɪn!]
Um minuto!	**Just a minute!** [dʒəst ə 'mɪnɪt!]
Agora não, por favor.	**Not right now, please.** [nɒt raɪt naʊ, pli:z]

Venha ao meu quarto, por favor.	**Come to my room, please.** [kʌm tə maɪ ru:m, pli:z]
Gostaria de encomendar comida.	**I'd like to order food service.** [aɪd laɪk tu 'ɔ:də fu:d 'sɜ:vɪs]
O número do meu quarto é …	**My room number is …** [maɪ ru:m 'nʌmbə iz …]

Estou de saída ...

I'm leaving ...
[aɪm 'li:vɪŋ ...]

Estamos de saída ...

We're leaving ...
[wɪə 'li:vɪŋ ...]

agora

right now
[raɪt naʊ]

esta tarde

this afternoon
[ðɪs ɑːftə'nu:n]

hoje à noite

tonight
[tə'naɪt]

amanhã

tomorrow
[tə'mɒrəʊ]

amanhã de manhã

tomorrow morning
[tə'mɒrəʊ 'mɔːnɪŋ]

amanhã ao fim da tarde

tomorrow evening
[tə'mɒrəʊ 'i:vnɪŋ]

depois de amanhã

the day after tomorrow
[ðə deɪ 'ɑːftə tə'mɒrəʊ]

Gostaria de pagar.

I'd like to pay.
[aɪd 'laɪk tə peɪ]

Estava tudo maravilhoso.

Everything was wonderful.
['evrɪθɪŋ wəz 'wʌndəfəl]

Onde posso apanhar um táxi?

Where can I get a taxi?
[weə kən aɪ get ə 'tæksi?]

Pode me chamar um táxi, por favor?

Would you call a taxi for me, please?
[wʊd ju kɔːl ə 'tæksi fə mi:, pli:z?]

Restaurante

Posso ver o menu, por favor?	**Can I look at the menu, please?** [kən aɪ lʊk ət ðə 'menju:, pli:z?]
Mesa para um.	**Table for one.** ['teɪbl fə wʌn]
Somos dois (três, quatro).	**There are two (three, four) of us.** [ðər ə tu: (θri:, fɔ:r) əv'ʌs]

Para fumadores	**Smoking** ['sməʊkɪŋ]
Para não fumadores	**No smoking** [nəʊ 'sməʊkɪŋ]
Por favor!	**Excuse me!** [ɪk'skju:z mi:!]
menu	**menu** ['menju:]
lista de vinhos	**wine list** [waɪn lɪst]
O menu, por favor.	**The menu, please.** [ðə 'menju:, pli:z]

Já escolheu?	**Are you ready to order?** [ə ju 'redi tu 'ɔ:də?]
O que vai tomar?	**What will you have?** [wɒt wɪl ju hæv?]
Eu quero ...	**I'll have ...** [aɪl hɛv ...]

Eu sou vegetariano /vegetariana/.	**I'm a vegetarian.** [aɪm ə vedʒɪ'teərɪən]
carne	**meat** [mi:t]
peixe	**fish** [fɪʃ]
vegetais	**vegetables** ['vedʒɪtəblz]
Tem pratos vegetarianos?	**Do you have vegetarian dishes?** [də ju hɛv vedʒɪ'teərɪən 'dɪʃɪz?]
Não como porco.	**I don't eat pork.** [aɪ dəʊnt i:t pɔ:k]
Ele /ela/ não come porco.	**He /she/ doesn't eat meat.** [hi /ʃi/ 'dʌznt i:t mi:t]
Sou alérgico /alérgica/ a ...	**I am allergic to ...** [aɪ əm ə'lɜ:dʒɪk tə ...]

Por favor, pode trazer-me ...?

Would you please bring me ...
[wʊd ju pliːz brɪŋ miː ...]

sal | pimenta | açucar

salt | pepper | sugar
[sɔːlt | 'pepə | 'ʃʊɡə]

café | chá | sobremesa

coffee | tea | dessert
['kɒfi | tiː | dɪ'zɜːt]

água | com gás | sem gás

water | sparkling | plain
['wɔːtə | 'spɑːklɪŋ | pleɪn]

uma colher | um garfo | uma faca

spoon | fork | knife
[spuːn | fɔːk | naɪf]

um prato | um guardanapo

plate | napkin
[pleɪt | 'næpkɪn]

Bom apetite!

Enjoy your meal!
[ɪn'dʒɔɪ jɔː miːl!]

Mais um, por favor.

One more, please.
[wʌn mɔː, pliːz]

Estava delicioso.

It was very delicious.
[ɪt wəz 'veri dɪ'lɪʃəs]

---

conta | troco | gorjeta

check | change | tip
[tʃek | tʃeɪndʒ | tɪp]

A conta, por favor.

Check, please.
[tʃek, pliːz]

Posso pagar com cartão de crédito?

Can I pay by credit card?
[kən aɪ peɪ baɪ 'kredɪt kɑːd?]

Desculpe, mas tem um erro aqui.

I'm sorry, there's a mistake here.
[aɪm 'sɒri, ðeəz ə mɪ'steɪk hɪə]

Centro Comercial

Posso ajudá-lo /ajudá-la/?	**Can I help you?** [kən aɪ help ju?]
Tem ...?	**Do you have ...?** [də ju hɛv ...?]
Estou à procura de ...	**I'm looking for ...** [aɪm 'lʊkɪŋ fə ...]
Preciso de ...	**I need ...** [aɪ niːd ...]

Estou só a ver.	**I'm just looking.** [aɪm dʒəst 'lʊkɪŋ]
Estamos só a ver.	**We're just looking.** [wɪə dʒəst 'lʊkɪŋ]
Volto mais tarde.	**I'll come back later.** [aɪl kʌm bæk 'leɪtə]
Voltamos mais tarde.	**We'll come back later.** [wil kʌm bæk 'leɪtə]
descontos | saldos	**discounts | sale** [dɪs'kaʊnts | seɪl]

Mostre-me, por favor ...	**Would you please show me ...** [wʊd ju pliːz ʃəʊ miː ...]
Dê-me, por favor ...	**Would you please give me ...** [wʊd ju pliːz gɪv miː ...]
Posso experimentar?	**Can I try it on?** [kən aɪ traɪ ɪt ɒn?]
Desculpe, onde fica a cabine de prova?	**Excuse me, where's the fitting room?** [ɪk'skjuːz miː, weəz ðə 'fɪtɪŋ ruːm?]

Que cor prefere?	**Which color would you like?** [wɪtʃ 'kʌlər wʊd ju 'laɪk?]
tamanho | cvomprimento	**size | length** [saɪz | leŋθ]
Como lhe fica?	**How does it fit?** [haʊ dəz ɪt fɪt?]

Quanto é que isto custa?	**How much is it?** [haʊ 'mʌtʃ ɪz ɪt?]
É muito caro.	**That's too expensive.** [ðæts tuː ɪk'spensɪv]
Eu fico com ele.	**I'll take it.** [aɪl teɪk ɪt]
Desculpe, onde fica a caixa?	**Excuse me, where do I pay?** [ɪk'skjuːz miː, weə də aɪ peɪ?]

Vai pagar a dinheiro ou com cartão de crédito?

Will you pay in cash or credit card?
[wɪl ju peɪ ɪn kæʃ ɔː 'kredɪt kɑːd?]

A dinheiro | com cartão de crédito

In cash | with credit card
[ɪn kæʃ | wɪð 'kredɪt kɑːd]

Pretende fatura?

Do you want the receipt?
[də ju wɒnt ðə rɪ'siːt?]

Sim, por favor.

Yes, please.
[jes, pliːz]

Não. Está bem!

No, it's OK.
[nəʊ, ɪts əʊ'keɪ]

Obrigado /Obrigada/. Tenha um bom dia!

Thank you. Have a nice day!
[θæŋk ju. hɛv ə naɪs deɪ!]

Na cidade

Desculpe, por favor ...	**Excuse me, please.** [ɪk'skjuːz miː, pliːz]
Estou à procura ...	**I'm looking for ...** [aɪm 'lʊkɪŋ fə ...]

do metro	**the subway** [ðə 'sʌbweɪ]
do meu hotel	**my hotel** [maɪ həʊ'tel]
do cinema	**the movie theater** [ðə 'muːvi 'θiːətə]
da praça de táxis	**a taxi stand** [ə 'tæksi stænd]

do multibanco	**an ATM** [ən eɪti:'em]
de uma casa de câmbio	**a foreign exchange office** [ə 'fɒrən ɪk'stʃeɪndʒ 'ɒfɪs]
de um café internet	**an internet café** [ən 'ɪntənet 'kæfeɪ]
da rua ...	**... street** [... striːt]
deste lugar	**this place** [ðɪs 'pleɪs]

Sabe dizer-me onde fica ...?	**Do you know where ... is?** [də ju nəʊ weə ... ɪz?]
Como se chama esta rua?	**Which street is this?** [wɪtʃ striːt ɪs ðɪs?]

Mostre-me onde estamos de momento.	**Show me where we are right now.** [ʃəʊ miː weə wi ə raɪt naʊ]
Posso ir até lá a pé?	**Can I get there on foot?** [kən aɪ get ðər ɒn fʊt?]
Tem algum mapa da cidade?	**Do you have a map of the city?** [də ju hɛv ə mæp əv ðə 'sɪti?]

Quanto custa a entrada?	**How much is a ticket to get in?** [haʊ 'mʌtʃ ɪz ə 'tɪkɪt tə get ɪn?]
Pode-se fotografar aqui?	**Can I take pictures here?** [kən aɪ teɪk 'pɪktʃəz hɪə?]
Estão abertos?	**Are you open?** [ə ju 'əʊpən?]

A que horas abrem?

When do you open?
[wen də ju 'əʊpən?]

A que horas fecham?

When do you close?
[wen də ju kləʊz?]

Dinheiro

dinheiro
money
['mʌni]

a dinheiro
cash
[kæʃ]

dinheiro de papel
paper money
['peɪpə 'mʌni]

troco
loose change
[luːs tʃeɪndʒ]

conta | troco | gorjeta
check | change | tip
[tʃek | tʃeɪndʒ | tɪp]

cartão de crédito
credit card
['kredɪt kɑːd]

carteira
wallet
['wɒlɪt]

comprar
to buy
[tə baɪ]

pagar
to pay
[tə peɪ]

multa
fine
[faɪn]

gratuito
free
[friː]

Onde é que posso comprar ...?
Where can I buy ...?
[weə kən aɪ baɪ ...?]

O banco está aberto agora?
Is the bank open now?
[ɪz ðə bæŋk 'əʊpən naʊ?]

Quando abre?
When does it open?
[wen dəz ɪt 'əʊpən?]

Quando fecha?
When does it close?
[wen dəz ɪt kləʊz?]

Quanto?
How much?
[haʊ 'mʌtʃ?]

Quanto custa isto?
How much is this?
[haʊ 'mʌtʃ ɪz ðɪs?]

É muito caro.
That's too expensive.
[ðæts tuː ɪk'spensɪv]

Desculpe, onde fica a caixa?
Excuse me, where do I pay?
[ɪk'skjuːz miː, weə də aɪ peɪ?]

A conta, por favor.
Check, please.
[tʃek, pliːz]

Posso pagar com cartão de crédito?

Can I pay by credit card?
[kən aɪ peɪ baɪ ˈkredɪt kɑːd?]

Há algum Multibanco aqui?

Is there an ATM here?
[ɪz ðər ən eɪtiːˈem hɪə?]

Estou à procura de um Multibanco.

I'm looking for an ATM.
[aɪm ˈlʊkɪŋ fər ən eɪtiːˈem]

Estou à procura de uma
casa de câmbio.

**I'm looking for a foreign
exchange office.**
[aɪm ˈlʊkɪŋ fər ə ˈforən
ɪkˈstʃeɪndʒ ˈɒfɪs]

Eu gostaria de trocar ...

I'd like to change ...
[aɪd laɪk tə tʃeɪndʒ ...]

Qual a taxa de câmbio?

What is the exchange rate?
[wɒts ði ɪkˈstʃeɪndʒ reɪt?]

Precisa do meu passaporte?

Do you need my passport?
[də ju niːd maɪ ˈpɑːspɔːt?]

Tempo

Que horas são?	**What time is it?** [wɒt taɪm ɪz ɪt?]
Quando?	**When?** [wen?]
A que horas?	**At what time?** [ət wɒt taɪm?]
agora | mais tarde | depois ...	**now | later | after ...** [naʊ | 'leɪtə | 'ɑːftə ...]

uma em ponto	**one o'clock** [wʌn ə'klɒk]
uma e quinze	**one fifteen** [wʌn fɪf'tiːn]
uma e trinta	**one thirty** [wʌn 'θɜːti]
uma e quarenta e cinco	**one forty-five** [wʌn 'fɔːti faɪv]

um | dois | três	**one | two | three** [wʌn | tuː | θriː]
quatro | cinco | seis	**four | five | six** [fɔː | faɪv | sɪks]
set | oito | nove	**seven | eight | nine** [sevn | eɪt | naɪn]
dez | onze | doze	**ten | eleven | twelve** [ten | ɪ'levn | twelv]

dentro de ...	**in ...** [ɪn ...]
5 minutos	**five minutes** [faɪv 'mɪnɪts]
10 minutos	**ten minutes** [ten 'mɪnɪts]
15 minutos	**fifteen minutes** [fɪf'tiːn 'mɪnɪts]
20 minutos	**twenty minutes** ['twenti 'mɪnɪts]

meia hora	**half an hour** [hɑːf ən 'aʊə]
uma hora	**an hour** [ən 'aʊə]

de manhã	**in the morning** [ɪn ðə 'mɔːnɪŋ]
de manhã cedo	**early in the morning** ['ɜːli ɪn ðə 'mɔːnɪŋ]
esta manhã	**this morning** [ðɪs 'mɔːnɪŋ]
amanhã de manhã	**tomorrow morning** [tə'mɒrəʊ 'mɔːnɪŋ]

ao meio-dia	**at noon** [ət nuːn]
à tarde	**in the afternoon** [ɪn ði ɑːftə'nuːn]
à noite (das 18h às 24h)	**in the evening** [ɪn ði 'iːvnɪŋ]
esta noite	**tonight** [tə'naɪt]

à noite (da 0h às 6h)	**at night** [ət naɪt]
ontem	**yesterday** ['jestədi]
hoje	**today** [tə'deɪ]
amanhã	**tomorrow** [tə'mɒrəʊ]
depois de amanhã	**the day after tomorrow** [ðə deɪ 'ɑːftə tə'mɒrəʊ]

Que dia é hoje?	**What day is it today?** [wɒt deɪ ɪz ɪt tə'deɪ?]
Hoje é …	**It's …** [ɪts …]
segunda-feira	**Monday** ['mʌndɪ]
terça-feira	**Tuesday** ['tjuːzdi]
quarta-feira	**Wednesday** ['wenzdɪ]

quinta-feira	**Thursday** ['θɜːzdɪ]
sexta-feira	**Friday** ['fraɪdɪ]
sábado	**Saturday** ['sætədɪ]
domingo	**Sunday** ['sʌndɪ]

Saudações. Apresentações

Olá!	**Hello.** [hə'ləʊ]
Prazer em conhecê-lo /conhecê-la/.	**Pleased to meet you.** [pli:zd tə mi:t ju]
O prazer é todo meu.	**Me too.** [mi: tu:]
Apresento-lhe ...	**I'd like you to meet ...** [aɪd laɪk ju tə mi:t ...]
Muito prazer.	**Nice to meet you.** [naɪs tə mi:t ju]
Como está?	**How are you?** [haʊ ə ju?]
Chamo-me ...	**My name is ...** [maɪ neɪm ɪz ...]
Ele chama-se ...	**His name is ...** [hɪz neɪm ɪz ...]
Ela chama-se ...	**Her name is ...** [hə neɪm ɪz ...]
Como é que o senhor /a senhora/ se chama?	**What's your name?** [wɒts jɔ: neɪm?]
Como é que ela se chama?	**What's his name?** [wɒts ɪz neɪm?]
Como é que ela se chama?	**What's her name?** [wɒts hə neɪm?]
Qual o seu apelido?	**What's your last name?** [wɒts jɔ: lɑ:st neɪm?]
Pode chamar-me ...	**You can call me ...** [ju kən kɔ:l mi: ...]
De onde é?	**Where are you from?** [weər ə ju frɒm?]
Sou de ...	**I'm from ...** [aɪm frəm ...]
O que faz na vida?	**What do you do for a living?** [wɒt də ju də fər ə 'lɪvɪŋ?]
Quem é este?	**Who is this?** [hu: ɪz ðɪs?]
Quem é ele?	**Who is he?** [hu: ɪz hi?]
Quem é ela?	**Who is she?** [hu: ɪz ʃi?]
Quem são eles?	**Who are they?** [hu: ə ðeɪ?]

Este é ...	**This is ...** [ðɪs ɪz ...]
o meu amigo	**my friend** [maɪ frend]
a minha amiga	**my friend** [maɪ frend]
o meu marido	**my husband** [maɪ 'hʌzbənd]
a minha mulher	**my wife** [maɪ waɪf]
o meu pai	**my father** [maɪ 'fɑːðə]
a minha mãe	**my mother** [maɪ 'mʌðə]
o meu irmão	**my brother** [maɪ 'brʌðə]
a minha irmã	**my sister** [maɪ 'sɪstə]
o meu filho	**my son** [maɪ sʌn]
a minha filha	**my daughter** [maɪ 'dɔːtə]
Este é o nosso filho.	**This is our son.** [ðɪs ɪz 'aʊə sʌn]
Este é a nossa filha.	**This is our daughter.** [ðɪs ɪz 'aʊə 'dɔːtə]
Estes são os meus filhos.	**These are my children.** [ðiːz ə maɪ 'tʃɪldrən]
Estes são os nossos filhos.	**These are our children.** [ðiːz ə 'aʊə 'tʃɪldrən]

Despedidas

Adeus!	**Good bye!** [gʊd baɪ!]
Tchau!	**Bye!** [baɪ!]
Até amanhã.	**See you tomorrow.** [si: ju tə'mɒrəʊ]
Até breve.	**See you soon.** [si: ju su:n]
Até às sete.	**See you at seven.** [si: ju ət sɛvn]
Diverte-te!	**Have fun!** [hɛv fʌn!]
Falamos mais tarde.	**Talk to you later.** [tɔ:k tə ju 'leɪtə]
Bom fim de semana.	**Have a nice weekend.** [hɛv ə naɪs wi:k'end]
Boa noite.	**Good night.** [gʊd naɪt]
Está na hora.	**It's time for me to go.** [ɪts taɪm fə mi: tə gəʊ]
Preciso de ir embora.	**I have to go.** [aɪ hɛv tə gəʊ]
Volto já.	**I will be right back.** [aɪ wɪl bi raɪt bæk]
Já é tarde.	**It's late.** [ɪts leɪt]
Tenho de me levantar cedo.	**I have to get up early.** [aɪ hɛv tə get 'ʌp 'ɜ:li]
Vou-me embora amanhã.	**I'm leaving tomorrow.** [aɪm 'li:vɪŋ tə'mɒrəʊ]
Vamos embora amanhã.	**We're leaving tomorrow.** [wɪə 'li:vɪŋ tə'mɒrəʊ]
Boa viagem!	**Have a nice trip!** [hɛv ə naɪs trɪp!]
Tive muito prazer em conhecer-vos.	**It was nice meeting you.** [ɪt wəz naɪs 'mi:tɪŋ ju]
Foi muito agradável falar consigo.	**It was nice talking to you.** [ɪt wəz naɪs 'tɔ:kɪŋ tə ju]
Obrigado /Obrigada/ por tudo.	**Thanks for everything.** [θæŋks fər 'evrɪθɪŋ]

Passei um tempo muito agradável.

I had a very good time.
[aɪ həd ə 'veri gʊd taɪm]

Passámos um tempo muito agradável.

We had a very good time.
[wi həd ə 'veri gʊd taɪm]

Foi mesmo fantástico.

It was really great.
[ɪt wəz 'rɪəli greɪt]

Vou ter saudades suas.

I'm going to miss you.
[aɪm 'gəʊɪŋ tə mɪs ju]

Vamos ter saudades suas.

We're going to miss you.
[wɪə 'gəʊɪŋ tə mɪs ju]

Boa sorte!

Good luck!
[gʊd lʌk!]

Dê cumprimentos a ...

Say hi to ...
[seɪ haɪ tə ...]

Língua estrangeira

Eu não entendo.	**I don't understand.** [aɪ dəʊnt ʌndə'stænd]
Escreva isso, por favor.	**Write it down, please.** [raɪt ɪt daʊn, pli:z]
O senhor /a senhora/ fala ...?	**Do you speak ...?** [də ju spi:k ...?]

Eu falo um pouco de ...	**I speak a little bit of ...** [aɪ spi:k ə lɪtl bɪt əv ...]
Inglês	**English** ['ɪŋglɪʃ]
Turco	**Turkish** ['tɜ:kɪʃ]
Árabe	**Arabic** ['ærəbɪk]
Francês	**French** [frentʃ]

Alemão	**German** ['dʒɜ:mən]
Italiano	**Italian** [ɪ'tæljən]
Espanhol	**Spanish** ['spænɪʃ]
Português	**Portuguese** [pɔ:tʃʊ'gi:z]
Chinês	**Chinese** [tʃaɪ'ni:z]
Japonês	**Japanese** [dʒæpə'ni:z]

Pode repetir isso, por favor.	**Can you repeat that, please.** [kən ju rɪ'pi:t ðæt, pli:z]
Compreendo.	**I understand.** [aɪ ʌndə'stænd]
Eu não entendo.	**I don't understand.** [aɪ dəʊnt ʌndə'stænd]
Por favor fale mais devagar.	**Please speak more slowly.** [pli:z spi:k mɔ: 'sləʊli]

Isso está certo?	**Is that correct?** [ɪz ðət kə'rekt?]
O que é isto? (O que significa?)	**What is this?** [wɒts ðɪs?]

Desculpas

Desculpe-me, por favor.

Excuse me, please.
[ɪk'skjuːz miː, pliːz]

Lamento.

I'm sorry.
[aɪm 'sɒri]

Tenho muita pena.

I'm really sorry.
[aɪm 'rɪəli 'sɒri]

Desculpe, a culpa é minha.

Sorry, it's my fault.
['sɒri, ɪts maɪ fɔːt]

O erro foi meu.

My mistake.
[maɪ mɪ'steɪk]

Posso ...?

May I ...?
[meɪ aɪ ...?]

O senhor /a senhora/ não
se importa se eu ...?

Do you mind if I ...?
[də ju maɪnd ɪf aɪ ...?]

Não faz mal.

It's OK.
[ɪts əʊ'keɪ]

Está tudo em ordem.

It's all right.
[ɪts ɔːl raɪt]

Não se preocupe.

Don't worry about it.
[dəʊnt 'wʌri ə'baʊt ɪt]

Acordo

Sim.	**Yes.** [jes]
Sim, claro.	**Yes, sure.** [jes, ʃʊə]
Está bem!	**OK (Good!)** [əʊ'keɪ (gʊd!)]
Muito bem.	**Very well.** ['veri wel]
Claro!	**Certainly!** ['sɜːtnli!]
Concordo.	**I agree.** [aɪ ə'griː]
Certo.	**That's correct.** [ðæts kə'rekt]
Correto.	**That's right.** [ðæts raɪt]
Tem razão.	**You're right.** [jʊə raɪt]
Eu não me oponho.	**I don't mind.** [aɪ dəʊnt maɪnd]
Absolutamente certo.	**Absolutely right.** ['æbsəluːtlɪ raɪt]
É possível.	**It's possible.** [ɪts 'pɒsəbl]
É uma boa ideia.	**That's a good idea.** [ðæts ə gʊd aɪ'dɪə]
Não posso recusar.	**I can't say no.** [aɪ kɑːnt 'seɪ nəʊ]
Terei muito gosto.	**I'd be happy to.** [aɪd bi 'hæpí tuː]
Com prazer.	**With pleasure.** [wɪð 'pleʒə]

Recusa. Expressão de dúvida

Não.	**No.** [nəʊ]
Claro que não.	**Certainly not.** ['sɜ:tnli nɒt]
Não concordo.	**I don't agree.** [aɪ dəʊnt ə'gri:]
Não creio.	**I don't think so.** [aɪ dəʊnt 'θɪŋk 'səʊ]
Isso não é verdade.	**It's not true.** [ɪts nɒt tru:]

O senhor /a senhora/ não tem razão.	**You are wrong.** [ju ə rɒŋ]
Acho que o senhor /a senhora/ não tem razão.	**I think you are wrong.** [aɪ θɪŋk ju ə rɒŋ]
Não tenho a certeza.	**I'm not sure.** [aɪm nɒt ʃʊə]
É impossível.	**It's impossible.** [ɪts ɪm'pɒsəbl]
De modo algum!	**No way!** [nəʊ 'weɪ!]

Exatamente o contrário.	**The exact opposite.** [ði ɪg'zækt 'ɒpəzɪt]
Sou contra.	**I'm against it.** [aɪm ə'genst ɪt]
Não me importo.	**I don't care.** [aɪ dəʊnt 'keə]
Não faço ideia.	**I have no idea.** [aɪ hɛv nəʊ aɪ'dɪə]
Não creio.	**I doubt that.** [aɪ daʊt ðɛt]

Desculpe, mas não posso.	**Sorry, I can't.** ['sɒri, aɪ kɑ:nt]
Desculpe, mas não quero.	**Sorry, I don't want to.** ['sɒri, aɪ dəʊnt wɒnt tu:]

Desculpe, não quero isso.	**Thank you, but I don't need this.** [θæŋk ju, bət aɪ dəʊnt ni:d ðɪs]
Já é muito tarde.	**It's late.** [ɪts leɪt]

Tenho de me levantar cedo.

I have to get up early.
[aɪ hɛv tə get 'ʌp 'ɜ:li]

Não me sinto bem.

I don't feel well.
[aɪ dəʊnt fi:l wel]

Expressão de gratidão

Obrigado /Obrigada/.	**Thank you.** [θæŋk ju]
Muito obrigado /obrigada/.	**Thank you very much.** [θæŋk ju 'veri 'mʌtʃ]
Fico muito grato /grata/.	**I really appreciate it.** [aɪ 'rɪəli ə'priːʃieɪt ɪt]
Estou-lhe muito reconhecido.	**I'm really grateful to you.** [aɪm 'rɪəli 'greɪtfəl tə ju]
Estamos-lhe muito reconhecidos.	**We are really grateful to you.** [wi ə 'rɪəli 'greɪtfəl tə ju]

Obrigado /Obrigada/ pelo seu tempo.	**Thank you for your time.** [θæŋk ju fə jɔː taɪm]
Obrigado /Obrigada/ por tudo.	**Thanks for everything.** [θæŋks fər 'evrɪθɪŋ]
Obrigado /Obrigada/ ...	**Thank you for ...** [θæŋk ju fə ...]
... pela sua ajuda	**your help** [jɔː help]
... por este tempo bem passado	**a nice time** [ə naɪs taɪm]

... pela comida deliciosa	**a wonderful meal** [ə 'wʌndəfəl miːl]
... por esta noite agradável	**a pleasant evening** [ə pleznt 'iːvnɪŋ]
... pelo dia maravilhoso	**a wonderful day** [ə 'wʌndəfəl deɪ]
... pela jornada fantástica	**an amazing journey** [ən ə'meɪzɪŋ 'dʒɜːni]

Não tem de quê.	**Don't mention it.** [dəʊnt menʃn ɪt]
Não precisa agradecer.	**You are welcome.** [ju ə 'welkəm]
Disponha sempre.	**Any time.** ['eni taɪm]
Foi um prazer ajudar.	**My pleasure.** [maɪ 'pleʒə]
Esqueça isso.	**Forget it. It's alright.** [fə'get ɪt. its əlraɪt]
Não se preocupe.	**Don't worry about it.** [dəʊnt 'wʌri ə'baʊt ɪt]

Parabéns. Cumprimentos

Parabéns!
Congratulations!
[kəngrætʊ'leɪʃnz!]

Feliz aniversário!
Happy birthday!
['hæpi 'bɜːθdeɪ!]

Feliz Natal!
Merry Christmas!
['meri 'krɪsməs!]

Feliz Ano Novo!
Happy New Year!
['hæpi njuː 'jiə!]

Feliz Páscoa!
Happy Easter!
['hæpi 'iːstə!]

Feliz Hanukkah!
Happy Hanukkah!
['hæpi 'hɑːnəkə!]

Gostaria de fazer um brinde.
I'd like to propose a toast.
[aɪd laɪk tə prə'pəʊz ə təʊst]

Saúde!
Cheers!
[tʃɪəz!]

Bebamos a …!
Let's drink to …!
[lets drɪŋk tə …!]

Ao nosso sucesso!
To our success!
[tu 'aʊə sək'ses!]

Ao vosso sucesso!
To your success!
[tə jɔː sək'ses!]

Boa sorte!
Good luck!
[gʊd lʌk!]

Tenha um bom dia!
Have a nice day!
[hɛv ə naɪs deɪ!]

Tenha um bom feriado!
Have a good holiday!
[hɛv ə gʊd 'hɒlədeɪ!]

Tenha uma viagem segura!
Have a safe journey!
[hɛv ə seɪf 'dʒɜːni!]

Espero que melhore em breve!
I hope you get better soon!
[aɪ həʊp ju get 'betə suːn!]

Socializando

Porque é que está chateado /chateada/?	**Why are you sad?** [waɪ ə ju sæd?]
Sorria!	**Smile!** [smaɪl!]
Está livre esta noite?	**Are you free tonight?** [ə ju fri: tə'naɪt?]
Posso oferecer-lhe algo para beber?	**May I offer you a drink?** [meɪ aɪ 'ɒfə ju ə drɪŋk?]
Você quer dançar?	**Would you like to dance?** [wʊd ju laɪk tə dɑːns?]
Vamos ao cinema.	**Let's go to the movies.** [lets gəʊ tə ðə 'mu:vɪz]
Gostaria de a convidar para ir ...	**May I invite you to ...?** [meɪ aɪ ɪn'vaɪt ju tə ...?]
ao restaurante	**a restaurant** [ə 'restrɒnt]
ao cinema	**the movies** [ðə 'mu:vɪz]
ao teatro	**the theater** [ðə 'θi:ətə]
passear	**go for a walk** [gəʊ fər ə wɔ:k]
A que horas?	**At what time?** [ət wɒt taɪm?]
hoje à noite	**tonight** [tə'naɪt]
às 6 horas	**at six** [ət sɪks]
às 7 horas	**at seven** [ət sevn]
às 8 horas	**at eight** [ət eɪt]
às 9 horas	**at nine** [ət naɪn]
Gosta deste local?	**Do you like it here?** [də ju laɪk ɪt hɪə?]
Está com alguém?	**Are you here with someone?** [ə ju hɪə wɪð 'sʌmwʌn?]
Estou com o meu amigo.	**I'm with my friend.** [aɪm wɪð maɪ 'frend]

Estou com os meus amigos.	**I'm with my friends.** [aɪm wɪð maɪ frendz]
Não, estou sozinho /sozinha/.	**No, I'm alone.** [nəʊ, aɪm ə'ləʊn]

Tens namorado?	**Do you have a boyfriend?** [də ju hɛv ə 'bɔɪfrend?]
Tenho namorado.	**I have a boyfriend.** [aɪ hɛv ə 'bɔɪfrend]
Tens namorada?	**Do you have a girlfriend?** [də ju hɛv ə 'gɜːlfrend?]
Tenho namorada.	**I have a girlfriend.** [aɪ hɛv ə 'gɜːlfrend]

Posso voltar a vêr-te?	**Can I see you again?** [kən aɪ siː ju ə'gen?]
Posso ligar-te?	**Can I call you?** [kən aɪ kɔːl ju?]
Liga-me.	**Call me.** [kɔːl miː]
Qual é o teu número?	**What's your number?** [wɒts jɔː 'nʌmbə?]
Tenho saudades tuas.	**I miss you.** [aɪ mɪs ju]

Tem um nome muito bonito.	**You have a beautiful name.** [ju hɛv ə 'bjuːtəfl neɪm]
Amo-te.	**I love you.** [aɪ lʌv ju]
Quer casar comigo?	**Will you marry me?** [wɪl ju 'mæri miː?]

Você está a brincar!	**You're kidding!** [jə 'kɪdɪŋ!]
Estou só a brincar.	**I'm just kidding.** [aɪm dʒest 'kɪdɪŋ]

Está a falar a sério?	**Are you serious?** [ə ju 'sɪərɪəs?]
Estou a falar a sério.	**I'm serious.** [aɪm 'sɪərɪəs]
De verdade?!	**Really?!** ['rɪəli?!]
Incrível!	**It's unbelievable!** [ɪts ʌnbɪ'liːvəbl!]
Não acredito.	**I don't believe you.** [aɪ dəʊnt bɪ'liːv ju]

Não posso.	**I can't.** [aɪ kɑːnt]
Não sei.	**I don't know.** [aɪ dəʊnt nəʊ]

Não entendo o que está a dizer. **I don't understand you.**
[aɪ dəʊnt ʌndəˈstænd ju]

Saia, por favor. **Please go away.**
[pliːz gəʊ əˈweɪ]

Deixe-me em paz! **Leave me alone!**
[liːv miː əˈləʊn!]

Eu não o suporto. **I can't stand him.**
[aɪ kɑːnt stænd hɪm]

Você é detestável! **You are disgusting!**
[ju ə dɪsˈgʌstɪŋ!]

Vou chamar a polícia! **I'll call the police!**
[aɪl kɔːl ðə pəˈliːs!]

Partilha de impressões. Emoções

Gosto disto.	**I like it.** [aɪ laɪk ɪt]
É muito simpático.	**Very nice.** ['veri naɪs]
Fixe!	**That's great!** [ðæts 'greɪt!]
Não é mau.	**It's not bad.** [ɪts nɒt bæd]

Não gosto disto.	**I don't like it.** [aɪ dəʊnt laɪk ɪt]
Isso não está certo.	**It's not good.** [ɪts nɒt gʊd]
Isso é mau.	**It's bad.** [ɪts bæd]
Isso é muito mau.	**It's very bad.** [ɪts 'veri bæd]
Isso é asqueroso.	**It's disgusting.** [ɪts dɪs'gʌstɪŋ]

Estou feliz.	**I'm happy.** [aɪm 'hæpi]
Estou contente.	**I'm content.** [aɪm kən'tent]
Estou apaixonado /apaixonada/.	**I'm in love.** [aɪm ɪn lʌv]
Estou calmo /calma/.	**I'm calm.** [aɪm kɑːm]
Estou aborrecido /aborrecida/.	**I'm bored.** [aɪm bɔːd]

Estou cansado /cansada/.	**I'm tired.** [aɪm 'taɪəd]
Estou triste.	**I'm sad.** [aɪm sæd]
Estou apavorado /apavorada/.	**I'm frightened.** [aɪm 'fraɪtnd]

Estou zangado /zangada/.	**I'm angry.** [aɪm 'æŋgri]
Estou preocupado /preocupada/.	**I'm worried.** [aɪm 'wʌrɪd]
Estou nervoso /nervosa/.	**I'm nervous.** [aɪm 'nɜːvəs]

Estou ciumento /ciumenta/.

I'm jealous.
[aɪm 'dʒeləs]

Estou surpreendido /surpreendida/.

I'm surprised.
[aɪm sə'praɪzd]

Estou perplexo /perplexa/.

I'm perplexed.
[aɪm pə'plekst]

Problemas. Acidentes

Tenho um problema.	**I've got a problem.** [aɪv gɒt ə 'prɒbləm]
Temos um problema.	**We've got a problem.** [wiv gɒt ə 'prɒbləm]
Estou perdido.	**I'm lost.** [aɪm lɒst]
Perdi o último autocarro.	**I missed the last bus (train).** [aɪ mɪst ðə lɑːst bʌs (treɪn)]
Não me resta nenhum dinheiro.	**I don't have any money left.** [aɪ dəʊnt hɛv 'eni 'mʌni left]

Eu perdi ...	**I've lost my ...** [aɪv lɒst maɪ ...]
Roubaram-me ...	**Someone stole my ...** ['sʌmwʌn stəʊl maɪ ...]
o meu passaporte	**passport** ['pɑːspɔːt]
a minha carteira	**wallet** ['wɒlɪt]
os meus papéis	**papers** ['peɪpəz]
o meu bilhete	**ticket** ['tɪkɪt]

o dinheiro	**money** ['mʌni]
a minha mala	**handbag** ['hændbæg]
a minha camara	**camera** ['kæmərə]
o meu computador	**laptop** ['læptɒp]
o meu tablet	**tablet computer** ['tæblɪt kəm'pjuːtə]
o meu telemóvel	**mobile phone** ['məʊbaɪl fəʊn]

Ajude-me!	**Help me!** [help miː!]
O que é que aconteceu?	**What's happened?** [wɒts 'hæpənd?]
fogo	**fire** ['faɪə]

tiroteio	**shooting** ['ʃuːtɪŋ]
assassínio	**murder** [a 'mɜːdə]
explosão	**explosion** [ɪk'spləʊʒn]
briga	**fight** [a faɪt]

Chame a polícia!	**Call the police!** [kɔːl ðə pə'liːs!]
Mais depressa, por favor!	**Please hurry up!** [pliːz 'hʌri ʌp!]
Estou à procura de uma esquadra de polícia.	**I'm looking for the police station.** [aɪm 'lʊkɪŋ fər ðə pə'liːs steɪʃn]
Preciso de telefonar.	**I need to make a call.** [aɪ niːd tə meɪk ə kɔːl]
Posso telefonar?	**May I use your phone?** [meɪ aɪ juːz jɔː fəʊn?]

Fui …	**I've been …** [aɪv biːn …]
assaltado /assaltada/	**mugged** [mʌgd]
roubado /roubada/	**robbed** [robd]
violada	**raped** [reɪpt]
atacado /atacada/	**attacked** [ə'tækt]

Está tudo bem consigo?	**Are you all right?** [ə ju ɔːl raɪt?]
Viu quem foi?	**Did you see who it was?** [dɪd ju siː huː ɪt wɒz?]
Seria capaz de reconhecer a pessoa?	**Would you be able to recognize the person?** [wʊd ju bi eɪbl tə 'rekəgnaɪz ðə 'pɜːsn?]
Tem a certeza?	**Are you sure?** [ə ju ʃʊə?]

Acalme-se, por favor.	**Please calm down.** [pliːz kɑːm daʊn]
Calma!	**Take it easy!** [teɪk ɪt 'iːzi!]
Não se preocupe.	**Don't worry!** [dəʊnt 'wʌri!]
Vai ficar tudo bem.	**Everything will be fine.** ['evrɪθɪŋ wɪl bi faɪn]
Está tudo em ordem.	**Everything's all right.** ['evrɪθɪŋz ɔːl raɪt]

Chegue aqui, por favor.

Come here, please.
[kʌm hɪə, pliːz]

Tenho algumas questões a colocar-lhe.

I have some questions for you.
[aɪ hɛv səm 'kwestʃənz fə ju]

Aguarde um momento, por favor.

Wait a moment, please.
[weɪt ə 'məʊmənt, pliːz]

Tem alguma identificação?

Do you have any I.D.?
[də ju hɛv 'eni aɪ diː.?]

Obrigado. Pode ir.

Thanks. You can leave now.
[θæŋks. ju kən liːv naʊ]

Mãos atrás da cabeça!

Hands behind your head!
[hændz bɪ'haɪnd jɔ: hed!]

Você está preso!

You're under arrest!
[jər 'ʌndər ə'rest!]

Problemas de saúde

Ajude-me, por favor.	**Please help me.** [pliːz help miː]
Não me sinto bem.	**I don't feel well.** [aɪ dəʊnt fiːl wel]
O meu marido não se sente bem.	**My husband doesn't feel well.** [maɪ 'hʌzbənd 'dʌznt fiːl wel]
O meu filho ...	**My son ...** [maɪ sʌn ...]
O meu pai ...	**My father ...** [maɪ 'fɑːðə ...]

A minha mulher não se sente bem.	**My wife doesn't feel well.** [maɪ waɪf 'dʌznt fiːl wel]
A minha filha ...	**My daughter ...** [maɪ 'dɔːtə ...]
A minha mãe ...	**My mother ...** [maɪ 'mʌðə ...]

Tenho uma ...	**I've got a ...** [aɪv gɒt ə ...]
dor de cabeça	**headache** ['hedeɪk]
dor de garganta	**sore throat** [sɔː θrəʊt]
dor de barriga	**stomach ache** ['stʌmək eɪk]
dor de dentes	**toothache** ['tuːθeɪk]

Estou com tonturas.	**I feel dizzy.** [aɪ fiːl 'dɪzɪ]
Ele está com febre.	**He has a fever.** [hi həz ə 'fiːvə]
Ela está com febre.	**She has a fever.** [ʃi həz ə 'fiːvə]
Não consigo respirar.	**I can't breathe.** [aɪ kɑːnt briːð]

Estou a sufocar.	**I'm short of breath.** [aɪm ʃɔːt əv breθ]
Sou asmático /asmática/.	**I am asthmatic.** [aɪ əm æs'mætɪk]
Sou diabético /diabética/.	**I am diabetic.** [aɪ əm daɪə'betɪk]

Estou com insónia.	**I can't sleep.** [aɪ kɑːnt sliːp]
intoxicação alimentar	**food poisoning** [fuːd 'pɔɪznɪŋ]

Dói aqui.	**It hurts here.** [ɪt hɜːts hɪə]
Ajude-me!	**Help me!** [help miː!]
Estou aqui!	**I am here!** [aɪ əm hɪə!]
Estamos aqui!	**We are here!** [wi ə hɪə!]
Tirem-me daqui!	**Get me out of here!** [get miː aʊt əv hɪə!]
Preciso de um médico.	**I need a doctor.** [aɪ niːd ə 'dɒktə]
Não me consigo mexer.	**I can't move.** [aɪ kɑːnt muːv!]
Não consigo mover as pernas.	**I can't move my legs.** [aɪ kɑːnt muːv maɪ legz]

Estou ferido.	**I have a wound.** [aɪ hɛv ə wuːnd]
É grave?	**Is it serious?** [ɪz ɪt 'sɪərɪəs?]
Tenho os documentos no bolso.	**My documents are in my pocket.** [maɪ 'dɒkjuments ər ɪn maɪ 'pɒkɪt]
Acalme-se!	**Calm down!** [kɑːm daʊn!]
Posso telefonar?	**May I use your phone?** [meɪ aɪ juːz jɔː fəʊn?]

Chame uma ambulância!	**Call an ambulance!** [kɔːl ən 'æmbjələns!]
É urgente!	**It's urgent!** [ɪts 'ɜːdʒənt!]
É uma emergência!	**It's an emergency!** [ɪts ən ɪ'mɜːdʒənsi!]
Mais depressa, por favor!	**Please hurry up!** [pliːz 'hʌri 'ʌp!]
Chame o médico, por favor.	**Would you please call a doctor?** [wʊd ju pliːz kɔːl ə 'dɒktə?]
Onde fica o hospital?	**Where is the hospital?** [weə ɪz ðə 'hɒspɪtl?]

Como se sente?	**How are you feeling?** [haʊ ə ju 'fiːlɪŋ?]
Está tudo bem consigo?	**Are you all right?** [ə ju ɔːl raɪt?]
O que é que aconteceu?	**What's happened?** [wɒts 'hæpənd?]

Já me sinto melhor.

I feel better now.
[aɪ fiːl 'betə naʊ]

Está tudo em ordem.

It's OK.
[ɪts əʊ'keɪ]

Tubo bem.

It's all right.
[ɪts ɔːl raɪt]

Na farmácia

farmácia	**Pharmacy (drugstore)** ['fɑːməsi ('drʌgstɔː)]
farmácia de serviço	**24-hour pharmacy** ['twenti fɔːr 'aʊə 'fɑːməsi]
Onde fica a farmácia mais próxima?	**Where is the closest pharmacy?** [weə ɪz ðə 'kləʊsɪst 'fɑːməsi?]

Está aberto agora?	**Is it open now?** [ɪz ɪt 'əʊpən naʊ?]
A que horas abre?	**At what time does it open?** [ət wɒt taɪm dəz ɪt 'əʊpən?]
A que horas fecha?	**At what time does it close?** [ət wɒt taɪm dəz ɪt kləʊz?]

Fica longe?	**Is it far?** [ɪz ɪt fɑː?]
Posso ir até lá a pé?	**Can I get there on foot?** [kən aɪ get ðər ɒn fʊt?]
Pode-me mostrar no mapa?	**Can you show me on the map?** [kən ju ʃəʊ miː ɒn ðə mæp?]

Por favor dê-me algo para ...	**Please give me something for ...** [pliːz gɪv miː 'sʌmθɪŋ fə ...]
as dores de cabeça	**a headache** [ə 'hedeɪk]
a tosse	**a cough** [ə kɒf]
o resfriado	**a cold** [ə kəʊld]
a gripe	**the flu** [ðə fluː]

a febre	**a fever** [ə 'fiːvə]
uma dor de estômago	**a stomach ache** [ə 'stʌmək eɪk]
as náuseas	**nausea** ['nɔːsɪə]
a diarreia	**diarrhea** [daɪə'rɪə]
a constipação	**constipation** [kɒnstɪ'peɪʃn]
as dores nas costas	**pain in the back** [peɪn ɪn ðə 'bæk]

as dores no peito

chest pain
[tʃest peɪn]

a sutura

side stitch
[saɪd stɪtʃ]

as dores abdominais

abdominal pain
[æb'dɒmɪnəl peɪn]

comprimido

pill
[pɪl]

unguento, creme

ointment, cream
['ɔɪntmənt, kri:m]

charope

syrup
['sɪrəp]

spray

spray
[sprɛj]

dropes

drops
[drɒps]

Você precisa de ir ao hospital.

You need to go to the hospital.
[ju ni:d tə gəʊ tə ðə 'hɒspɪtl]

seguro de saúde

health insurance
[helθ ɪn'ʃʊərəns]

prescrição

prescription
[prɪ'skrɪpʃn]

repelente de insetos

insect repellant
['ɪnsekt rɪ'pelənt]

penso rápido

sticking plaster
['stikiŋ 'plastə]

O mínimo

Desculpe, ...	**Excuse me, ...** [ɪkˈskjuːz miː, ...]
Olá!	**Hello.** [həˈləʊ]
Obrigado /Obrigada/.	**Thank you.** [θæŋk ju]
Adeus.	**Good bye.** [ɡʊd baɪ]
Sim.	**Yes.** [jes]
Não.	**No.** [nəʊ]
Não sei.	**I don't know.** [aɪ dəʊnt nəʊ]
Onde? | Para onde? | Quando?	**Where? | Where to? | When?** [weə? | weə tuː? | wen?]

Preciso de ...	**I need ...** [aɪ niːd ...]
Eu queria ...	**I want ...** [aɪ wɒnt ...]
Tem ...?	**Do you have ...?** [də ju hɛv ...?]
Há aqui ...?	**Is there a ... here?** [ɪz ðər ə ... hɪə?]
Posso ...?	**May I ...?** [meɪ aɪ ...?]
..., por favor	**..., please** [..., pliːz]

Estou à procura de ...	**I'm looking for ...** [aɪm ˈlʊkɪŋ fə ...]
casa de banho	**restroom** [ˈrestruːm]
Multibanco	**ATM** [eɪtiːˈem]
farmácia	**pharmacy, drugstore** [ˈfɑːməsi, ˈdrʌɡstɔː]
hospital	**hospital** [ˈhɒspɪtl]
esquadra de polícia	**police station** [pəˈliːs ˈsteɪʃn]
metro	**subway** [ˈsʌbweɪ]

táxi	**taxi** ['tæksi]
estação de comboio	**train station** [treɪn 'steɪʃn]

Chamo-me ...	**My name is ...** [maɪ 'neɪm ɪz ...]
Como se chama?	**What's your name?** [wɒts jɔ: 'neɪm?]
Pode-me dar uma ajuda?	**Could you please help me?** [kəd ju pli:z help mi:?]
Tenho um problema.	**I've got a problem.** [av gɒt ə 'prɒbləm]
Não me sinto bem.	**I don't feel well.** [aɪ dəunt fi:l wel]
Chame a ambulância!	**Call an ambulance!** [kɔ:l ən 'æmbjələns!]
Posso fazer uma chamada?	**May I make a call?** [meɪ aɪ 'meɪk ə kɔ:l?]

Desculpe.	**I'm sorry.** [aɪm 'sɒri]
De nada.	**You're welcome.** [juə 'welkəm]

eu	**I, me** [aɪ, mi]
tu	**you** [ju]
ele	**he** [hi]
ela	**she** [ʃi]
eles	**they** [ðeɪ]
elas	**they** [ðeɪ]
nós	**we** [wi]
vocês	**you** [ju]
você	**you** [ju]

ENTRADA	**ENTRANCE** ['entrɑ:ns]
SAÍDA	**EXIT** ['eksɪt]
FORA DE SERVIÇO	**OUT OF ORDER** [aut əv 'ɔ:də]
FECHADO	**CLOSED** [kləuzd]

ABERTO

OPEN
['əʊpən]

PARA SENHORAS

FOR WOMEN
[fə 'wɪmɪn]

PARA HOMENS

FOR MEN
[fə men]

MINI DICIONÁRIO

Esta secção contém 250
palavras úteis necessárias
para a comunicação do dia
a dia. Irá encontrar aqui os
nomes dos meses e dias
da semana. O dicionário
contém também temas como
cores, medidas, família e
muito mais

T&P Books Publishing

CONTEÚDO DO DICIONÁRIO

T&P Books Publishing

tempo (m)	time	[taɪm]
hora (f)	hour	['aʊə(r)]
meia hora (f)	half an hour	[ˌhɑːf ən 'aʊə(r)]
minuto (m)	minute	['mɪnɪt]
segundo (m)	second	['sekənd]
hoje	today	[tə'deɪ]
amanhã	tomorrow	[tə'mɒrəʊ]
ontem	yesterday	['jestədɪ]
segunda-feira (f)	Monday	['mʌndɪ]
terça-feira (f)	Tuesday	['tjuːzdɪ]
quarta-feira (f)	Wednesday	['wenzdɪ]
quinta-feira (f)	Thursday	['θɜːzdɪ]
sexta-feira (f)	Friday	['fraɪdɪ]
sábado (m)	Saturday	['sætədɪ]
domingo (m)	Sunday	['sʌndɪ]
dia (m)	day	[deɪ]
dia (m) de trabalho	working day	['wɜːkɪŋ deɪ]
feriado (m)	public holiday	['pʌblɪk 'hɒlɪdeɪ]
fim (m) de semana	weekend	[ˌwiːk'end]
semana (f)	week	[wiːk]
na semana passada	last week	[ˌlɑːst 'wiːk]
na próxima semana	next week	[ˌnekst 'wiːk]
de manhã	in the morning	[ɪn ðə 'mɔːnɪŋ]
à tarde	in the afternoon	[ɪn ðə ˌɑːftə'nuːn]
à noite (noitinha)	in the evening	[ɪn ðɪ 'iːvnɪŋ]
hoje à noite	tonight	[tə'naɪt]
à noite	at night	[ət naɪt]
meia-noite (f)	midnight	['mɪdnaɪt]
janeiro (m)	January	['dʒænjʊərɪ]
fevereiro (m)	February	['febrʊərɪ]
março (m)	March	[mɑːtʃ]
abril (m)	April	['eɪprəl]
maio (m)	May	[meɪ]
junho (m)	June	[dʒuːn]
julho (m)	July	[dʒuː'laɪ]
agosto (m)	August	['ɔːgəst]

setembro (m)	September	[sep'tembə(r)]
outubro (m)	October	[ɒk'təʊbə(r)]
novembro (m)	November	[nəʊ'vembə(r)]
dezembro (m)	December	[dɪ'sembə(r)]

na primavera	in (the) spring	[ɪn (ðə) sprɪŋ]
no verão	in (the) summer	[ɪn (ðə) 'sʌmə(r)]
no outono	in (the) fall	[ɪn (ðə) fɔ:l]
no inverno	in (the) winter	[ɪn (ðə) 'wɪntə(r)]

mês (m)	month	[mʌnθ]
estação (f)	season	['si:zən]
ano (m)	year	[jɪə(r)]

2. Números. Numeração

zero	zero	['zɪərəʊ]
um	one	[wʌn]
dois	two	[tu:]
três	three	[θri:]
quatro	four	[fɔ:(r)]

cinco	five	[faɪv]
seis	six	[sɪks]
sete	seven	['sevən]
oito	eight	[eɪt]
nove	nine	[naɪn]
dez	ten	[ten]

onze	eleven	[ɪ'levən]
doze	twelve	[twelv]
treze	thirteen	[ˌθɜ:'ti:n]
catorze	fourteen	[ˌfɔ:'ti:n]
quinze	fifteen	[fɪf'ti:n]

dezasseis	sixteen	[sɪks'ti:n]
dezassete	seventeen	[ˌsevən'ti:n]
dezoito	eighteen	[ˌeɪ'ti:n]
dezanove	nineteen	[ˌnaɪn'ti:n]

vinte	twenty	['twentɪ]
trinta	thirty	['θɜ:tɪ]
quarenta	forty	['fɔ:tɪ]
cinquenta	fifty	['fɪftɪ]

sessenta	sixty	['sɪkstɪ]
setenta	seventy	['sevəntɪ]
oitenta	eighty	['eɪtɪ]
noventa	ninety	['naɪntɪ]
cem	one hundred	[ˌwʌn 'hʌndrəd]

duzentos	two hundred	[tu 'hʌndrəd]
trezentos	three hundred	[θri: 'hʌndrəd]
quatrocentos	four hundred	[ˌfɔː 'hʌndrəd]
quinhentos	five hundred	[ˌfaɪv 'hʌndrəd]

seiscentos	six hundred	[sɪks 'hʌndrəd]
setecentos	seven hundred	['sevən 'hʌndrəd]
oitocentos	eight hundred	[eɪt 'hʌndrəd]
novecentos	nine hundred	[ˌnaɪn 'hʌndrəd]
mil	one thousand	[ˌwʌn 'θaʊzənd]

| dez mil | ten thousand | [ten 'θaʊzənd] |
| cem mil | one hundred thousand | [ˌwʌn 'hʌndrəd 'θaʊzənd] |

| um milhão | million | ['mɪljən] |
| mil milhões | billion | ['bɪljən] |

3. Humanos. Família

homem (m)	man	[mæn]
jovem (m)	young man	[jʌŋ mæn]
mulher (f)	woman	['wʊmən]
rapariga (f)	girl, young woman	[gɜːl], [ˌjʌŋ 'wʊmən]
velhote (m)	old man	['əʊld ˌmæn]
velhota (f)	old woman	['əʊld ˌwʊmən]

mãe (f)	mother	['mʌðə(r)]
pai (m)	father	['fɑːðə(r)]
filho (m)	son	[sʌn]
filha (f)	daughter	['dɔːtə(r)]
irmão (m)	brother	['brʌðə(r)]
irmã (f)	sister	['sɪstə(r)]

pais (pl)	parents	['peərənts]
criança (f)	child	[tʃaɪld]
crianças (f pl)	children	['tʃɪldrən]
madrasta (f)	stepmother	['stepˌmʌðə(r)]
padrasto (m)	stepfather	['stepˌfɑːðə(r)]

avó (f)	grandmother	['grænˌmʌðə(r)]
avô (m)	grandfather	['grændˌfɑːðə(r)]
neto (m)	grandson	['grænsʌn]
neta (f)	granddaughter	['grænˌdɔːtə(r)]
netos (pl)	grandchildren	['grænˌtʃɪldrən]

tio (m)	uncle	['ʌŋkəl]
tia (f)	aunt	[ɑːnt]
sobrinho (m)	nephew	['nefjuː]
sobrinha (f)	niece	[niːs]
mulher (f)	wife	[waɪf]

marido (m)	husband	['hʌzbənd]
casado	married	['mærɪd]
casada	married	['mærɪd]
viúva (f)	widow	['wɪdəʊ]
viúvo (m)	widower	['wɪdəʊə(r)]
nome (m)	name, first name	[neɪm], ['fɜːstˌneɪm]
apelido (m)	surname, last name	['sɜːneɪm], [lɑːst neɪm]
parente (m)	relative	['relətɪv]
amigo (m)	friend	[frend]
amizade (f)	friendship	['frendʃɪp]
parceiro (m)	partner	['pɑːtnə(r)]
superior (m)	boss, superior	[bɒs], [suː'pɪərɪə(r)]
colega (m)	colleague	['kɒliːg]
vizinhos (pl)	neighbors	['neɪbəz]

4. Corpo humano

corpo (m)	body	['bɒdɪ]
coração (m)	heart	[hɑːt]
sangue (m)	blood	[blʌd]
cérebro (m)	brain	[breɪn]
osso (m)	bone	[bəʊn]
coluna (f) vertebral	spine, backbone	[spaɪn], ['bækbəʊn]
costela (f)	rib	[rɪb]
pulmões (m pl)	lungs	[lʌŋz]
pele (f)	skin	[skɪn]
cabeça (f)	head	[hed]
cara (f)	face	[feɪs]
nariz (m)	nose	[nəʊz]
testa (f)	forehead	['fɔːhed]
bochecha (f)	cheek	[tʃiːk]
boca (f)	mouth	[maʊθ]
língua (f)	tongue	[tʌŋ]
dente (m)	tooth	[tuːθ]
lábios (m pl)	lips	[lɪps]
queixo (m)	chin	[tʃɪn]
orelha (f)	ear	[ɪə(r)]
pescoço (m)	neck	[nek]
olho (m)	eye	[aɪ]
pupila (f)	pupil	['pjuːpəl]
sobrancelha (f)	eyebrow	['aɪbraʊ]
pestana (f)	eyelash	['aɪlæʃ]
cabelos (m pl)	hair	[heə(r)]

penteado (m)	hairstyle	['heəstaɪl]
bigode (m)	mustache	['mʌstæʃ]
barba (f)	beard	[bɪəd]
usar, ter (~ barba, etc.)	to have (vt)	[tə hæv]
calvo	bald	[bɔːld]

mão (f)	hand	[hænd]
braço (m)	arm	[ɑːm]
dedo (m)	finger	['fɪŋɡə(r)]
unha (f)	nail	[neɪl]
palma (f) da mão	palm	[pɑːm]

ombro (m)	shoulder	['ʃəʊldə(r)]
perna (f)	leg	[leɡ]
joelho (m)	knee	[niː]
talão (m)	heel	[hiːl]
costas (f pl)	back	[bæk]

5. Vestuário. Acessórios pessoais

roupa (f)	clothes	[kləʊðz]
sobretudo (m)	coat, overcoat	[kəʊt], ['əʊvəkəʊt]
casaco (m) de peles	fur coat	['fɜːˌkəʊt]
casaco, blusão (m)	jacket	['dʒækɪt]
impermeável (m)	raincoat	['reɪnkəʊt]

camisa (f)	shirt	[ʃɜːt]
calças (f pl)	pants	[pænts]
casaco (m) de fato	jacket	['dʒækɪt]
fato (m)	suit	[suːt]

vestido (ex. ~ vermelho)	dress	[dres]
saia (f)	skirt	[skɜːt]
T-shirt, camiseta (f)	T-shirt	['tiːˌʃɜːt]
roupão (m) de banho	bathrobe	['bɑːθrəʊb]
pijama (m)	pajamas	[pə'dʒɑːməz]
roupa (f) de trabalho	workwear	[wɜːkweə(r)]

roupa (f) interior	underwear	['ʌndəweə(r)]
peúgas (f pl)	socks	[sɒks]
sutiã (m)	bra	[brɑː]
meias-calças (f pl)	pantyhose	['pæntɪhəʊz]
meias (f pl)	stockings	['stɒkɪŋz]
fato (m) de banho	bathing suit	['beɪðɪŋ suːt]

chapéu (m)	hat	[hæt]
calçado (m)	footwear	['fʊtweə(r)]
botas (f pl)	boots	[buːts]
salto (m)	heel	[hiːl]
atacador (m)	shoestring	['ʃuːstrɪŋ]

graxa (f) para calçado	shoe polish	[ʃuː 'pɒlɪʃ]
luvas (f pl)	gloves	[glʌvz]
mitenes (f pl)	mittens	['mɪtənz]
cachecol (m)	scarf	[skɑːf]
óculos (m pl)	glasses	[glɑːsɪz]
guarda-chuva (m)	umbrella	[ʌm'brelə]

gravata (f)	tie	[taɪ]
lenço (m)	handkerchief	['hæŋkətʃɪf]
pente (m)	comb	[kəʊm]
escova (f) para o cabelo	hairbrush	['heəbrʌʃ]

fivela (f)	buckle	['bʌkəl]
cinto (m)	belt	[belt]
bolsa (f) de senhora	purse	[pɜːs]

6. Casa. Apartamento

apartamento (m)	apartment	[ə'pɑːtmənt]
quarto (m)	room	[ruːm]
quarto (m) de dormir	bedroom	['bedrʊm]
sala (f) de jantar	dining room	['daɪnɪŋ rʊm]

sala (f) de estar	living room	['lɪvɪŋ ruːm]
escritório (m)	study	['stʌdɪ]
antessala (f)	entry room	['entrɪ ruːm]
quarto (m) de banho	bathroom	['bɑːθrʊm]
quarto (m) de banho	half bath	[hɑːf bɑːθ]

aspirador (m)	vacuum cleaner	['vækjʊəm 'kliːnə(r)]
esfregona (f)	mop	[mɒp]
pano (m), trapo (m)	dust cloth	[dʌst klɒθ]
vassoura (f)	broom	[bruːm]
pá (f) de lixo	dustpan	['dʌstpæn]

mobiliário (m)	furniture	['fɜːnɪtʃə(r)]
mesa (f)	table	['teɪbəl]
cadeira (f)	chair	[tʃeə(r)]
cadeirão (m)	armchair	['ɑːmtʃeə(r)]

espelho (m)	mirror	['mɪrə(r)]
tapete (m)	carpet	['kɑːpɪt]
lareira (f)	fireplace	['faɪəpleɪs]
cortinas (f pl)	drapes	[dreɪps]
candeeiro (m) de mesa	table lamp	['teɪbəl læmp]
lustre (m)	chandelier	[ʃændə'lɪə(r)]

cozinha (f)	kitchen	['kɪtʃɪn]
fogão (m) a gás	gas stove	['gæs stəʊv]
fogão (m) elétrico	electric stove	[ɪ'lektrɪk stəʊv]

forno (m) de micro-ondas	microwave oven	['maɪkrəweɪv 'ʌvən]
frigorífico (m)	fridge	[frɪdʒ]
congelador (m)	freezer	['fri:zə(r)]
máquina (f) de lavar louça	dishwasher	['dɪʃˌwɒʃə(r)]
torneira (f)	faucet	['fɔ:sɪt]

moedor (m) de carne	meat grinder	[mi:t 'graɪndə(r)]
espremedor (m)	juicer	['dʒu:sə]
torradeira (f)	toaster	['təʊstə(r)]
batedeira (f)	mixer	['mɪksə(r)]

máquina (f) de café	coffee machine	['kɒfɪ mə'ʃi:n]
chaleira (f)	kettle	['ketəl]
bule (m)	teapot	['ti:pɒt]

televisor (m)	TV set	[ˌti:'vi: set]
videogravador (m)	video, VCR	['vɪdɪəʊ], [ˌvi:si:'ɑ:(r)]
ferro (m) de engomar	iron	['aɪrən]
telefone (m)	telephone	['telɪfəʊn]